Collection simply cuisine et mets

Mocktails Smoothies
et autres boissons

Syllabaire Éditions

Facebook   Twitter   Instagram

Suivez-nous sur les réseaux
@livres cuisine et mets

A PROPOS

La collection Simply cuisine et mets est la dernière-née de la collaboration des éditions Syllabaire et du site cuisine et mets, elle se veut simple et gourmande avec pour objectif des recettes abordables et faciles à réaliser. Toutes les recettes sont testées et goûtées, par l'auteur et ses bêtas testeuses et testeurs, un grand sacrifice !
Un grand merci à Angélique, Les deux Séverine, Neil, Veronique et Fred. Nos chers Tipeurs qui ont permis la sortie de ce tome 4. On compte sur vous pour le 5.

Présentation du livre

Un livre de recette 100% gourmand, 100% vegan, 100% safe !. Mocktails c'est le nom que l'on donne aux cocktails sans alcool, et ceux que l'on vous proposent feront illusions. Nos smoothies sont tous au lait végétal, et il sont savoureux. Un livre à mettre entre toutes les mains.

Sommaire

Mocktails

Smoothies et autres boissons

Virgin Mojito

La star des cocktails version sans alcool

Informations

4 Personnes — 10 Minutes — Difficulté Facile — sans

Ingrédients

- 15 cl de jus de citron vert
- 12 rondelles de citron vert
- 40 cl d'eau gazeuse
- Glaçons
- 10 cl de sirop de sucre
- 20 feuilles de menthe fraîche

Préparation

Écraser les 3/4 de la menthe, le sirop de sucre et le jus de citron dans un bol ou un mortier.

Répartir dans les quatre verres, ajouter des glaçons.

Remplir d'eau gazeuse, ajouter quelques feuilles de menthe entières et des quartiers de citron.

Servir immédiatement.

Le mocktail est la désignation d'un cocktail sans alcool. Prévoir 4 verres a cocktail.

Virgin Mojito pastèque

Une déclinaison originale

Informations   4 Personnes  10 Minutes  Difficulté Facile  sans

Ingrédients

- 5 cl de jus de citron vert
- 1 tranche de pastèque
- 40 cl d'eau gazeuse
- Glaçons
- 10 cl de sirop de sucre
- 20 feuilles de menthe fraîche

Préparation

Peler et épépiner la tranche de pastèque, la mixer, Ajouter le jus de citron et le sirop de sucre. Ajouter quelques feuilles de menthe entières

Répartir dans les quatre verres, ajouter des glaçons.

Remplir d'eau gazeuse.

Le mocktail est la désignation d'un cocktail sans alcool. Prévoir 4 verres a cocktail.

Virgin Mojito mandarine

Cocktail d'hiver

Informations

4
Personnes

10
Minutes

Difficulté
Facile

sans

Ingrédients

- 5 cl de jus de citron vert
- 8 mandarines
- 40 cl d'eau gazeuse
- Glaçons
- 10 cl de sirop de sucre
- 20 feuilles de menthe fraîche

Préparation

Presser les mandarines, Ajouter le jus de citron et le sirop de sucre. Ajouter quelques feuilles de menthe entières

Répartir dans les quatre verres, ajouter des glaçons.

Remplir d'eau gazeuse.

Le mocktail est la désignation d'un cocktail sans alcool. Prévoir 4 verres a cocktail.

Pink pamplemousse

Mocktail

Une délicieuse amertume

 Informations  4 Personnes  15 Minutes  Difficulté Facile  sans

Ingrédients

- 4 pamplemousses roses
- 5 cl de jus de citron
- 40 cl de Schweppes
- Glaçons
- 10 cl de sirop de sucre

Pour le décor :

- Brins de romarin
- 1 pamplemousse rose

Préparation

Presser les pamplemousses.
Ajouter le jus de citron et le sirop de sucre.
Bien mélanger
Répartir dans les quatre verres, ajouter des glaçons.

Remplir de Schweppes.

Décorer de brins de romarin et de quartiers de pamplemousse.

Le mocktail est la désignation d'un cocktail sans alcool.
Prévoir 4 verres a cocktail.

Ginger orange

Un rappel du soleil et des vacances

Informations 

4
Personnes

15
Minutes

Difficulté
Facile

sans

Ingrédients

- 8 oranges sanguines
- Glaçons
- 5 cl de sirop de sucre
- 5 cl de sirop de grenadine
- 40 cl de ginger ale
  (boisson gazeuse au
  gingembre)

Préparation

Presser les oranges sanguines.

Ajouter le sirop de sucre. Bien mélanger.

Répartir dans les quatre verres, ajouter des glaçons.

Remplir de ginger ale.

Ajouter doucement et lentement le sirop de grenadine pour qu'il tombe au fond.

Le mocktail est la désignation d'un cocktail sans alcool. Prévoir 4 verres a cocktail.

Virgin strawberry fields

Et on ne la ramène pas !

  Informations  4 Personnes  10 Minutes  Difficulté Facile  sans

Ingrédients

- 12 fraises
- Glaçons
- 10 cl de sirop de fraise
- 40 cl de limonade ou eau gazeuse

Préparation

Laver, sécher, équeuter et couper les fraises en 4.

Répartir dans les quatre verres :
Le sirop de fraise, ajouter les glaçons, puis la limonade ou l'eau gazeuse, mélanger.

Repartir les fraises dans les verres, mélanger délicatement.

Servir bien frais.

Le mocktail est la désignation d'un cocktail sans alcool.
Prévoir 4 verres a cocktail.

Virgin Pina colada

Voyage dans les îles

Informations

4
Personnes

10
Minutes

Difficulté
Facile

sans

Ingrédients

- 40 cl de jus d'orange
- 40 cl de jus d'ananas
- 40 cl de lait de coco
- Glaçons
- 5 cl de sirop de sucre
- 4 tranches d'ananas frais

Préparation

Piler la glace.

En plusieurs fois : placer les jus d'ananas et d'orange, le lait de coco et le sirop de sucre dans le shaker. Bien secouer.

Répartir la glace et le jus de fruits dans les verres, décorer de tranches d'ananas.

A savoir : il existe des sirops saveur rhum sans alcool, en vente dans la plupart des grandes surfaces, il peut remplacer le sirop de sucre.

Le mocktail est la désignation d'un cocktail sans alcool. Prévoir un shaker et 4 grands verres a cocktail.

Virgin orange tonic

Ça va réveiller les papilles !

Informations

4
Personnes

10
Minutes

Difficulté
Facile

sans

Ingrédients

- 1 citron
- 4 oranges
- 2 cm de gingembre
- 40 cl de ginger ale
- Glaçons

Préparation

Presser le citron et les oranges.
Peler et râper le gingembre.

Mixer le jus de fruits et le gingembre, laisser macérer 30 min au frais.

Mettre des glaçons dans les verres, répartir les jus de fruits, compléter avec le ginger ale.

Servir immédiatement.

Le mocktail est la désignation d'un cocktail sans alcool. Prévoir 4 grands verres a cocktail.

Virgin Blue Lagoon

Cocktail hommage à Michou ;-)

Informations

4 Personnes   10 Minutes   Difficulté Facile   sans

Ingrédients

- 5 cl de jus de citron
- 60 cl de Schweppes
- Glaçons
- Feuilles de menthe
- 10 cl de sirop menthe glaciale

Préparation

Répartir le jus de citron et le sirop.
Bien mélanger.
Ajouter des glaçons.
Remplir de Schweppes.

Décorer de feuilles de menthe.

Le mocktail est la désignation d'un cocktail sans alcool.
Prévoir 4 grands verres a cocktail.

Virgin mimosa

Même le fils de Popeye y a droit !

Informations

 4 Personnes

 10 Minutes

 Difficulté Facile

 sans

Ingrédients

- 1 citron
- 4 oranges+1 pour le décor
- 60 cl de Schweppes

Préparation

Presser le citron et les 4 oranges. Répartir dans les flûtes

Allonger avec le Schweppes bien frais.

Décorer avec des morceaux d'orange, servir aussitôt.

Le mocktail est la désignation d'un cocktail sans alcool. Prévoir 4 flûtes à champagne.

Thé glacé framboise citron

Tea time !

Informations

4
Personnes

20
Minutes

Difficulté
Facile

5
Minutes

Ingrédients

- 1 l d'eau
- 2 sachets de thé
- 300 g de framboises
- 1 citron
- Miel
- Glaçons

Préparation

Réaliser le thé. Laisser tiédir.

Trier et nettoyer délicatement les framboises.
Couper le citron en rondelles, penser à retirer les pépins.
Sucrer à votre goût avec le miel

Laisser macérer une nuit au frais.

Servir glacé.

Prévoir un beau pichet

Thé glacé pomme cannelle

Thé d'été

Informations

4 Personnes — **20 Minutes** — **Difficulté Facile** — **5 Minutes**

Ingrédients

- 1 l d'eau
- 2 sachets de thé
- 2 pommes
- 1 cc de cannelle
- Miel
- Glaçons

Préparation

Réaliser le thé. Laisser tiédir.

Peler, épépiner et couper les pommes en morceaux.
Ajouter les pommes et la cannelle au thé.
Sucrer a votre goût avec le miel

Laisser macérer une nuit au frais.

Le lendemain filtrer le thé (ou pas), réserver les morceaux de pommes.

Servir dans des verres avec des glaçons et décorer de quelques morceaux de pomme.

Prévoir 4 grands verres.

Smoothie framboise au lait d'amande

Une gourmandise à boire

Informations

4 Personnes — **20 Minutes** — **Difficulté Facile** — **sans**

Ingrédients

- 50 cl de lait d'amande
- 4 cs de miel
- 300 g de framboises

Préparation

Trier et nettoyer délicatement les framboises. Les mixer et les filtrer au tamis ou passoire, pour enlever les pépins.

Remettre dans le mixeur, le régler sur vitesse lente, et ajouter petit à petit le lait d'amande.

Répartir dans les verres avec une cuillère à soupe de miel dans chaque verre, décorer de framboises fraîches.

Servir bien frais.

Prévoir 4 grands verres.

Smoothie fraise myrtille

Nommé bleuet au Québec

Informations

4
Personnes

15
Minutes

Difficulté
Facile

sans

Ingrédients

- 40 cl de lait de coco
- 4 cs de miel
- 150 g de fraise
- 150 g de myrtille

Préparation

Trier et nettoyer les fraises et les myrtilles. Les mixer.

Régler le mixeur sur vitesse lente, et ajouter petit à petit le lait de coco.

Répartir dans les verres avec une cuillère à soupe de miel dans chaque verre, décorer de fraises et de myrtilles fraîches.

Servir bien frais.

Prévoir 4 verres

Smoothie aux baies

Un mix de vitamines

Informations

4
Personnes

10
Minutes

Difficulté
Facile

sans

Ingrédients

- 40 cl de jus de pomme
- 150 g de mures
- 150 g de myrtille
- 150 g de groseille
- 150 g de framboise

Préparation

Trier et nettoyer délicatement les fruits. Les mixer et les filtrer au tamis ou passoire, pour enlever les pépins.

Remettre dans le mixeur, le régler sur vitesse lente, et ajouter petit à petit le jus de pomme.

Répartir dans les verres, décorer de fruits.

Servir bien frais.

Varier les fruits : fraises des bois, cassis...

Smoothie myrtille grenade

Smoothie

Une explosion de saveurs

Informations

 4 Personnes

 10 Minutes

 Difficulté Facile

 sans

Ingrédients

-  200 g de grains de grenade
- 300 g de myrtille
- 40 cl de lait de soja
- 4 glaçons
- 4 cs de miel

Préparation

Récupérer les grains de grenade.
Trier et nettoyer les myrtilles.
Mixer les fruits et les filtrer au tamis ou passoire.

Remettre dans le mixeur, le régler sur vitesse lente, et ajouter petit à petit le lait de soja et les glaçons.

Répartir dans les verres avec une cuillère à soupe de miel dans chaque verre.

Servir immédiatement.

 Prévoir 4 verres

Smoothie banane coco

Voyage, voyage !

Informations

4 Personnes — 10 Minutes — Difficulté Facile — sans

Ingrédients

- 4 bananes
- 40 cl de lait de coco
- 1 citron
- Extrait de vanille
- 4 cs de miel

Préparation

Presser le citron.

Peler et mixer les bananes avec le citron.

Mettre le mixeur sur vitesse lente, ajouter le lait de coco et quelques gouttes d'extrait de vanille.

Répartir dans les verres avec un cuillère a soupe de miel dans chaque, servir frais.

 Prévoir 4 verres et des pailles

Smoothie carotte tomate

Un smoothie aimable !

Informations

4 Personnes

20 Minutes

Difficulté Facile

1 Minute

Ingrédients

- 4 tomates bio
- 4 carotte bio
- 1 orange
- 1 citron jaune
- 1 citron vert
- Sel de céleri
- Glaçons
- 1 petite branche de céleri

Préparation

Faire bouillir une casserole d'eau.
Faire une incision sous les tomates et les plonger quelques secondes dans l'eau.

Peler et épépiner les tomates.

Peler et couper les carottes en rondelles.

Nettoyer et couper le céleri en petits tronçons.

Presser l'orange et les citrons.

Mixer les carottes, le céleri et les tomates, avec le jus des agrumes et les glaçons.

Servir frais avec du sel de céleri.

Prévoir 4 verres et des touillettes

Smoothie cerise

Quant reviendra le temps des cerises !

Informations

4
Personnes

20
Minutes

Difficulté
Facile

sans

Ingrédients

- 50 cl de lait d'amande
- 4 cs de miel
- 300 g de cerises

Préparation

Équeuter et dénoyauter les cerises. Les mixer

Régler le mixeur sur vitesse lente, et ajouter petit à petit le lait d'amande.

Répartir dans les verres avec une cuillère à soupe de miel dans chaque verre, décorer de cerises dénoyautées.

Servir bien frais.

Prévoir 4 grands verres.

Smoothie mangue passion

On veut de la passion !

Informations

4 Personnes — 15 Minutes — Difficulté Facile — sans

Ingrédients

- 2 mangues
- 1 citron vert
- 1 fruit de la passion
- 2 bananes
- 2 oranges
- Glace pilée
- 4 cs de miel
- Quelques feuilles de menthe

Préparation

Presser les oranges.
Presser le citron.

Peler et dénoyauter les mangues.
Peler et couper les bananes en rondelles.

Mixer les fruits avec le jus d'orange, ajouter la menthe.

Piler la glace.

Répartir la glace pilée dans les verres, puis le jus de fruits, et ajouter une cuillère de miel dans chaque verre.

Prévoir 4 grands verres.

Smoothie kiwi pomme

Ub smoothie couleur espérance !

Informations

4 Personnes — **15 Minutes** — **Difficulté Facile** — **sans**

Ingrédients

- 6 kiwis
- 2 pommes granny smith
- 1 yaourt au lait de soja
- 4 cs de miel
- Quelques glaçons

Préparation

Peler, épépiner et couper les pommes en morceaux.

Peler les kiwis et couper la chair en morceaux.

Mixer les fruits, ajouter le yaourt.

Répartir la glace dans les verres, le jus de fruit et agrémenter d'une cuillère à soupe de miel dans chaque verre.

Prévoir 4 grands verres.

Smoothie banane chocolat

Un smoothie plein d'énergie !

 Informations

4
Personnes

10
Minutes

Difficulté
Facile

sans

Ingrédients

- 4 bananes
- 50 cl de lait de soja
- 4 cs de miel
- 4 cs de cacao non sucré type Van houten

Préparation

Peler et couper les bananes en rondelles.

Mixer les fruits, ajouter le lait de soja et le cacao.

Agrémenter d'une cuillère à soupe de miel dans chaque verre.

Servir bien frais.

Prévoir 4 grands verres et des pailles.

Smoothie melon litch

Un goût original !

 Informations

4
Personnes

10
Minutes

Difficulté
Facile

sans

Ingrédients

- 1 beau melon
- 1 boite de litchi
- 1 yaourt au lait de soja
- 4 cs de miel

Préparation

Peler, épépiner et couper la chair du melon en morceaux.

Égoutter les litchis.

Mixer les fruits, ajouter le yaourt.

Agrémenter d'une cuillère à soupe de miel dans chaque verre.

Servir bien frais.

Prévoir 4 grands verres.

Smoothie ananas

Un goût unique

Informations

4 Personnes | 10 Minutes | Difficulté Facile | sans

Ingrédients

- 1 petit ananas Victoria
- 40 cl de lait de coco
- 1 citron
- 4 cs de miel

Préparation

Presser le citron.

Peler l'ananas, bien enlever les yeux et la partie centrale

Mixer l'ananas avec le citron.

Mettre le mixeur sur vitesse lente, ajouter le lait de coco.

Répartir dans les verres avec une cuillère à soupe de miel dans chaque verre, servir frais.

Prévoir 4 grands verres.

Smoothie pêche abricot

Une boisson qui à la pêche !

Informations

4
Personnes

10
Minutes

Difficulté
Facile

sans

Ingrédients

- 3 pêches
- 6 abricots
- 1 orange
- 4 cs de miel
- Glaçons

Préparation

Presser l'orange.

Peler les pêches (ou pas), dénoyauter les abricots, couper les fruits en morceaux.

Mixer les abricots et les pêches, ajouter le jus d'orange.

Répartir dans les verres avec une cuillère à soupe de miel dans chaque verre, les glaçons, servir immédiatement.

Prévoir 4 grands verres.

Smoothie myrtille banane

Une belle couleur

Informations

4
Personnes

10
Minutes

Difficulté
Facile

sans

Ingrédients

- 30 cl de lait de soja
- 4 cs de miel
- 2 bananes
- 150 g de myrtille

Préparation

Peler et couper les bananes en rondelles. Trier et nettoyer les myrtilles.

Mixer les fruits, ajouter le lait de soja.

Répartir dans les verres avec une cuillère à soupe de miel dans chaque verre.

Servir frais.

Prévoir 4 verres.

Smoothie prune

Ça ne compte pas pour des prunes

Informations

4 Personnes   10 Minutes   Difficulté Facile   sans

Ingrédients

- 10 prunes
- 30 cl de jus d'orange
- 4 cs de miel
- 1 yaourt au lait de soja

Préparation

Laver et dénoyauter les prunes.

Mixer les fruits, ajouter le jus d'orange et le yaourt.

Répartir dans les verres avec une cuillère à soupe de miel dans chaque verre.

Servir frais.

Prévoir 4 verres.

Citronnade

Un classique

Informations

4
Personnes

15
Minutes

Difficulté
Facile

sans

Ingrédients

- 100 g de sucre
- Le jus de 4 citrons
- 1 litre d'eau
- Glaçons

Préparation

Presser les citrons.

Mélanger l'eau, le sucre et le citron.

Mettre en carafe avec des glaçons.

Servir glacé.

Prévoir de jolis contenants

Citronnade aux fruits

Agréable en été

Informations

4
Personnes

15
Minutes

Difficulté
Facile

sans

Ingrédients

- 100 g de sucre
- Le jus de 4 citrons
- 1 litre d'eau
- 1 orange
- Fruits rouges

Préparation

Presser les citrons.
Couper l'orange en rondelles.
Laver et trier les fruits rouges.

Mélanger l'eau, le sucre et le citron.

Mettre en carafe avec les fruits. Laisser macérer quelques heures

Servir glacé avec des glaçons.

Prévoir des beaux pichets

Jus d'orange au gingembre

Un bon coup de fouet !

Informations

4
Personnes

10
Minutes

Difficulté
Facile

sans

Ingrédients

- 10 oranges
- 5 cl de fleur d'oranger
- 2 cs de miel
- Glaçons
- 1 petit morceau de gingembre

Préparation

Presser les oranges.

Peler et râper finement le gingembre.

Mélange le jus de fruit, le gingembre, la fleur d'oranger et le miel.

Repartir les glaçons dans 4 verres, remplir de jus d'orange. Servir bien frais.

C'est encore meilleur en laissant macérer un peu au frais

Limonade à l'orange

Des petites bulles bien sympathiques !

Informations

4
Personnes

10
Minutes

Difficulté
Facile

sans

Ingrédients

- 50 cl d'eau gazeuse
- 6 oranges
- 1 citron
- 150 g de sucre
- Glaçons

Préparation

Presser les oranges et le citron.

Mélanger le sucre et les jus d'agrumes.

Ajouter l'eau pétillante.

Repartir les glaçons dans 4 verres, remplir de limonade. Servir bien frais.

A faire avec Orange, pample-mousse, citron...

Agua Fresca, eau de pastèque

Classique espagnol, olé !

Informations

6 Personnes — **20 Minutes** — **Difficulté Facile** — **sans**

Ingrédients

- 1 kg de pastèque
- 2 citrons verts
- 40 g de sucre
- 40 cl d'eau fraiche
- Glace pilée

Préparation

Couper épépiner et récupérer la chair de la pastèque, couper la en cube.

Mixer et filtrer la pulpe, le filtrage n'est pas une étape obligatoire, cela dépend de votre goût plutôt liquide ou épais.

Ajouter le sucre, bien mélanger pour dissoudre.

Presser les citrons.

Ajouter le jus de citron à la pastèque.

Servir dans des verres sur de la glace pilée.

Prévoir 4 grands verres.

Chocolat au lait froid ou chaud au lait d'amande

Le chocolat, mon péché mignon !

Informations

4 Personnes

15 Minutes

Difficulté Facile

10 Minutes

Ingrédients

- 200 g de chocolat noir
- 80 cl de lait d'amande
- 4 cs de miel
- Extrait de vanille

Préparation

Casser le chocolat noir et le placer dans un saladier.

Faire chauffer le lait d'amande.

Verser le lait chaud sur le chocolat, bien remuer pour le faire fondre. Ajouter le miel et l'extrait de vanille.

A consommer chaud l'hiver, froid l'été.

Prévoir 4 grands verres.

Café frappé

La boisson caféinée de l'été

 Informations

4 Personnes

10 Minutes

Difficulté Facile

sans

Ingrédients

- 4 grandes tasses de café
- 4 cs de miel
- Glaçons

Préparation

Pour chaque café glacé :
Laisser refroidir le café.

Piler quelques glaçons

Placer dans un shaker : un café, une cuillère à soupe de miel, des glaçons. Bien secouer.

Servir dans un grand verre avec des glaçons.

Recommencer autant de fois que nécessaire.

Prévoir un shaker

Chocolat chaud à la cannelle

Hiver gourmand !

Informations

4 Personnes — 15 Minutes — Difficulté Facile — 5 Minutes

Ingrédients

- 200 g de chocolat noir
- 2cc de cannelle
- 2 cs de miel
- 50 cl de lait végétal amande ou noisette

Préparation

Casser le chocolat noir et le placer dans un saladier.

Faire chauffer le lait végétal.

Verser le lait chaud sur le chocolat, bien remuer pour le faire fondre. Ajouter le miel et la cannelle.

Servir bien chaud.

Prévoir 4 grandes tasses.

Choçolat chaud à l'américaine

Welcome in america

Informations

4
Personnes

10
Minutes

Difficulté
Facile

5
Minutes

Ingrédients

- 200 g de chocolat noir
- 4 cs de sirop d'érable
- 2cc de cannelle
- Cacao en poudre non sucré
- Cannelle
- Mini guimauve
- Extrait de vanille
- 50 cl de lait de noisette amande ou noisette

Préparation

Casser le chocolat noir et le placer dans un saladier.

Faire chauffer le lait végétal.

Verser le lait chaud sur le chocolat, bien remuer pour le faire fondre. Ajouter le sirop d'érable et quelques gouttes d'extrait de vanille.

Répartir dans les tasses, parsemer de guimauve, de cacao en poudre et de cannelle.

Servir bien chaud.

Prévoir 4 grandes tasses.

Thé de noël aux épices

Le temps des fêtes !

Informations

4
Personnes

15
Minutes

Difficulté
Facile

1 heure

Ingrédients

- 100 g de thé
- 1 orange bio
- 1 citron bio
- 1 bâton de cannelle
- 2 clous de girofle
- 2 étoiles de badiane
- 2 gousses de cardamome

Préparation

Préchauffer le four à 100°C.
Laver et zester les agrumes. Hacher les zestes.

Placer sur une plaque et faire sécher au four au moins 1 heure.

Piler les épices au pilon.

Mélanger le thé, les écorces d'agrumes et les épices, placer dans une boite en fer et attendre 1 semaine.

Préparer le thé comme habituellement, servir bien chaud avec une rondelle d'agrume et un bâton de cannelle.

Prévoir 4 grandes tasses.

Facebook   Twitter   Instagram

Suivez-nous sur les réseaux
@livres cuisine et mets

Crédits photos

Adobe stock
© Chaiwat
© Rawpixel
© pavelkant
© janecocoa
© M.studio
© topntp
© Pixel-Shot
© lindahughes
© Marcus Z-pics
© vasanty
© bit24
© Victoria Kondysenko
© Pantong
© petrrgoskov
© gitusik
© shaiith
© Georgiy
© chandlervid85

© fahrwasser
©Patryk Kosmider